ESTE ES UN REGALO

DE:

PARA:

FECHA:

DE:

DESAYUNAR
EN LA CAMA.

PASEAR EN BICI
JUNTOS POR LA
MAÑANA.

VER JUNTOS
UN AMANECER.

IR AL AUTOCINE Y VER UNA PELÍCULA EN EL COCHE AL AIRE LIBRE.

¿Qué fue lo primero que te atrajo de mí?

IRNOS DE ACAMPADA BAJO LAS ESTRELLAS.

IR A CLASE DE
BAILE JUNTOS Y
APRENDER A
BAILAR
EN PAREJA.

CADA PARTE
DE TU CUERPO.

SORPRENDER AL OTRO CON UNA **CENA** ESPECIAL SIN AVISAR.

VISITAR UN BARRIO DE NUESTRA CIUDAD QUE NO CONOZCAMOS

¿Cuáles son tus vacaciones ideales juntos?

BESARNOS
BAJO
LA LLUVIA.

TENER UNA CITA REPRESENTANDO UNOS PERSONAJES MUY DISTINTOS A NOSOTROS.

PASAR UN DÍA EN EL CAMPO Y SALIR DE LA CIUDAD.

HACER UN TOUR POR LA CIUDAD PROBANDO DIFERENTES TIPOS DE CERVEZA.

ESCUCHAR JUNTOS
NUESTROS DISCOS
FAVORITOS.

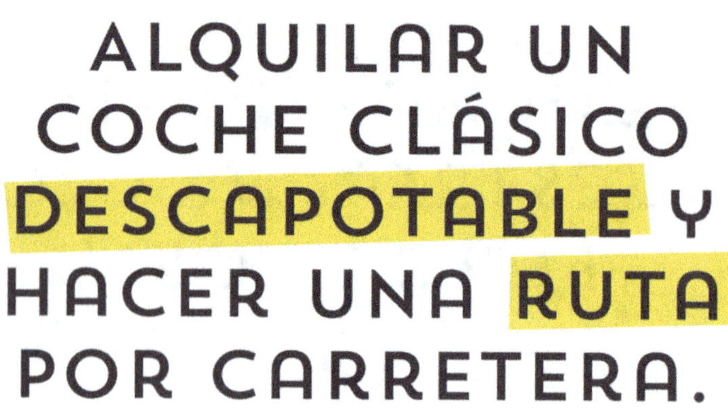

ALQUILAR UN COCHE CLÁSICO ==DESCAPOTABLE== Y HACER UNA ==RUTA== POR CARRETERA.

¿Hay alguna canción que cuando la escuchas te recuerda a mí?

CANTAR JUNTOS
A TODO PULMÓN,
AUNQUE
DESAFINEMOS.

IR DE FIESTA Y
VOLVER A LAS
TANTAS DE LA
MADRUGADA.

CONTARNOS NUESTRAS FANTASÍAS SEXUALES NO CONFESADAS Y LLEVAR ALGUNA (¡O TODAS!) A CABO.

TUMBARNOS SOBRE EL CÉSPED MIENTRAS DISFRUTAMOS DEL **FIRMAMENTO** Y COMPARTIMOS UNA BOTELLA DE VINO Y UNA BUENA CONVERSACIÓN.

PREPARAR UNA NOCHE DE JUEGOS DE MESA O DE JUEGOS DE CARTAS.

ENSAYAR CADA UNO UNA CANCIÓN PARA CANTÁRNOSLA REPRESENTÁNDOLA.

IR A UNA **LIBRERÍA** Y ELEGIR UN LIBRO PARA TI Y QUE TÚ ELIJAS UN LIBRO PARA MÍ.

PREPARAR UNA NOCHE DE **MASAJES** ERÓTICOS O UN BUEN BAÑO CON ESPUMA Y VELAS.

PREPARAR UNA FIESTA PARA DOS, CON COPAS, MÚSICA Y BAILE EN CASA.

MIRARNOS
A LOS OJOS
SIN HABLAR.

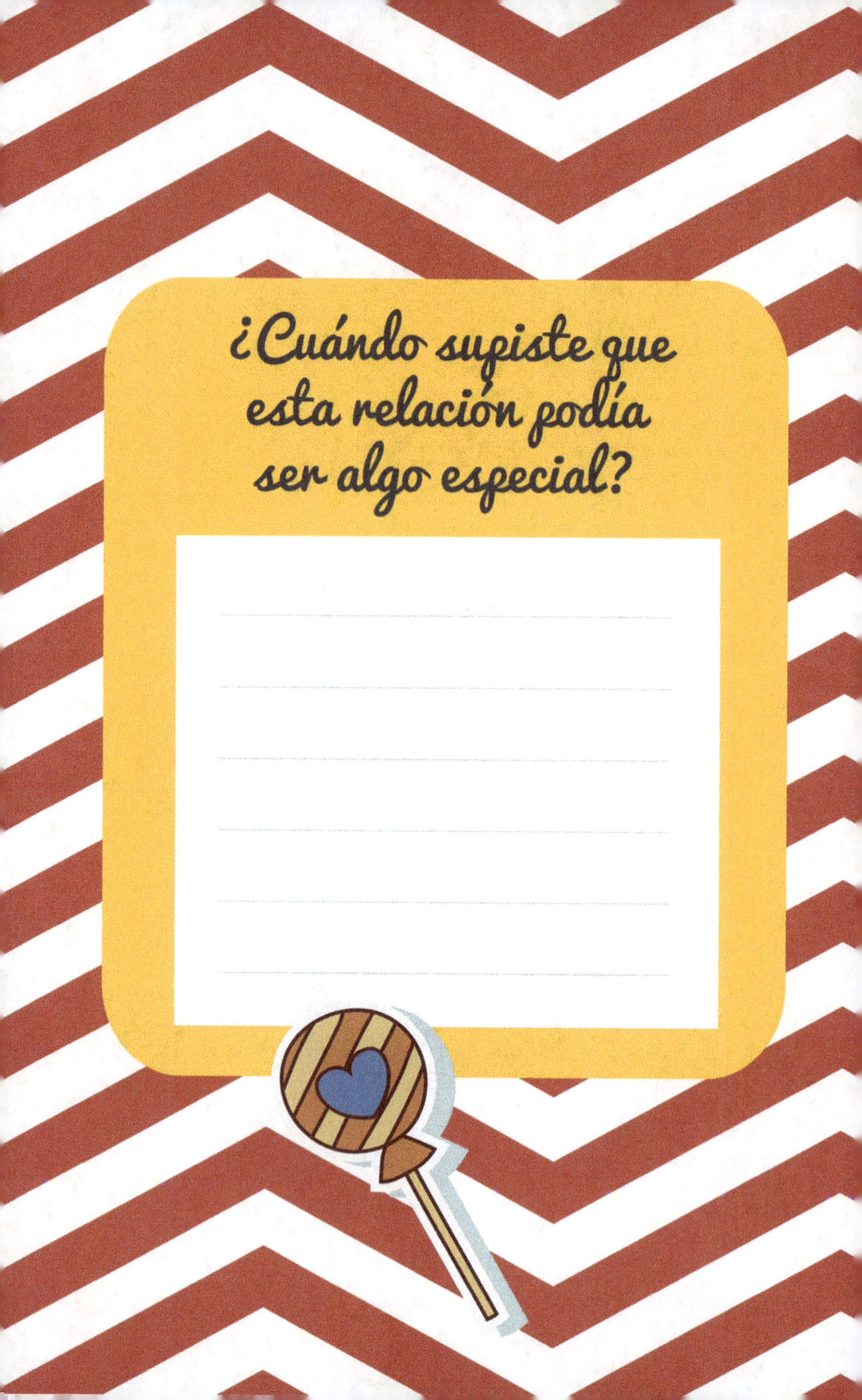
¿Cuándo supiste que esta relación podía ser algo especial?

LEER EL MISMO LIBRO A LA VEZ.

PASER
DE LA MANO
POR LA CIUDAD.

DARNOS UN MARATÓN DE PELIS Y PALOMITAS EN CASA.

MONTAR UN PICNIC Y DISFRUTAR JUNTOS DE UNA CÁLIDA TARDE DE VERANO.

APRENDER A
PREPARAR UN
PLATO QUE NOS
ENCANTE A
LOS DOS.

ESCRIBIRNOS UN **POEMA** Y LEÉRNOSLO EN VOZ ALTA.

Si pudieras volver atrás en el tiempo ¿qué momento te gustaría revivir juntos?

COMER EN UN RESTAURANTE NUEVO EN LA CIUDAD O EN UNO **ALTERNATIVO.**

HACERNOS UN **RETRATO** A LÁPIZ, ÓLEO, ACUARELA... EL UNO AL OTRO Y ENMARCARLOS, ¡SALGAN COMO SALGAN!

RECORDAR CÓMO NOS CONOCIMOS Y **REVIVIR** AQUELLA ÉPOCA VISITANDO LOS LUGARES DONDE TUVIMOS LAS PRIMERAS CITAS

¿Cuál es el mejor
recuerdo mío que tienes
hasta ahora?

LOVE

HACER UNA
SESIÓN DE FOTOS
ENTRE NOSOTROS
Y LUEGO IMPRIMIR
LAS MEJORES.

PASAR UN DÍA
PLANIFICANDO
LOS VIAJES QUE
NOS GUSTARÍA
HACER JUNTOS.

IR A UN HOTEL CERCANO, OLVIDARNOS DEL MUNDO Y TENER SEXO SIN PREOCUPACIONES

SER **TURISTAS** EN NUESTRA PROPIA CIUDAD Y **DESCUBRIR** MUSEOS CON ESCULTURAS Y PINTURAS QUE NUNCA HEMOS VISTO.

HACER UNA SESIÓN DE FOTOS ENTRE NOSOTROS Y LUEGO IMPRIMIR LAS MEJORES.

VESTIRNOS
IGUAL POR
UN DÍA.